AF298302

RÉPUBLIQUE FRANÇAISE.

MINISTÈRE DE LA GUERRE.

INSTRUCTION DU 13 AVRIL 1901

POUR L'ADMISSION A

L'ÉCOLE SUPÉRIEURE DE GUERRE

EN 1902

INSTRUCTION DU 13 AVRIL 1901

RELATIVE AU

BREVET D'ÉTAT-MAJOR

(Examens à subir par les Candidats)

PARIS

Henri CHARLES-LAVAUZELLE

Éditeur militaire

10, Rue Danton, Boulevard Saint-Germain, 118

(MÊME MAISON A LIMOGES)

INSTRUCTION DU 13 AVRIL 1901

POUR L'ADMISSION A

L'ÉCOLE SUPÉRIEURE DE GUERRE

EN 1902

INSTRUCTION DU 13 AVRIL 1901

RELATIVE AU

BREVET D'ÉTAT-MAJOR

(EXAMENS A SUBIR PAR LES CANDIDATS)

État-major de l'armée; Bureau des Opérations militaires et de l'Instruction générale de l'armée. — N° 26.

Instruction pour l'admission à l'Ecole supérieure de guerre en 1902.

Paris, le 13 avril 1901.

CONCOURS.

L'admission à l'Ecole a lieu par la voie du concours.

Ce concours comprend :

1° Des épreuves écrites du premier degré déterminant l'admissibilité; ces épreuves sont passées au chef-lieu de chaque corps d'armée;

2° Des épreuves écrites du deuxième degré et des épreuves orales;

3° Des épreuves d'équitation.

Ces deux dernières séries d'épreuves, qui sont passées à Paris, déterminent l'admission.

Les lieutenants et capitaines de toutes armes sont admis à se présenter au concours s'ils remplissent les conditions suivantes : avoir au 31 décembre de l'année du concours au moins cinq ans de grade d'officier, et, au 1er février de la même année, trois ans de service effectif dans les troupes.

Les officiers sont admis à compter comme service effectif dans les troupes le temps passé en qualité d'instructeur dans les Ecoles militaires. Cette disposition n'est pas applicable aux officiers exerçant les emplois de professeur ou de professeur adjoint dans les Écoles.

Les lieutenants et capitaines de l'infanterie et de l'artillerie coloniales peuvent, avec l'autorisation du Ministre de la marine, prendre part aux épreuves du concours dans les mêmes conditions que les officiers de l'armée de terre.

Tout capitaine ayant satisfait au concours d'admission, qui sera promu au grade supérieur avant le commencement des cours ou pendant leur durée, ne pourra être admis définitivement ou maintenu à l'École qu'en vertu d'une décision ministérielle spéciale.

Les officiers ayant déjà échoué trois fois aux examens ne pourront plus être admis à concourir.

Il y aura lieu de considérer comme ayant échoué aux examens tout candidat qui se sera désisté après s'être présenté aux épreuves écrites du mois de janvier et avoir eu connaissance du premier sujet de composition. Le fait de renoncer aux examens d'admission après l'exécution du lever d'itinéraire, mais avant le commencement des épreuves écrites, ne sera pas considéré comme un échec.

Les officiers qui, réunissant les conditions indiquées ci-dessus, ont l'intention de prendre part au concours, devront en faire la déclaration à leur chef de corps ou de service avant le 25 mai 1901, de manière que leurs chefs hiérarchiques aient leur attention particulièrement attirée sur ces officiers qu'ils seront appelés à noter en vue de leur admission au concours.

Une liste nominative des candidats dans chaque corps ou service sera dressée à cette date et transmise par la voie hiérarchique, avant le 1er juin 1901, à MM. les gouverneurs militaires de Paris et de Lyon, pour les corps et services placés directement sous leurs ordres, ou à MM. les commandants de corps d'armée (à M. le général commandant le 19e corps d'armée, pour tous les candidats du 19e corps d'armée et de la division d'occupation de Tunisie).

Les demandes des candidats seront établies de façon à être transmises avant le 15 août à MM. les gouverneurs militaires ou commandants de corps d'armée, avec l'avis du chef de corps ou service et celui des officiers généraux sous les ordres desquels les candidats sont placés.

La transmission se fera par la voie hiérarchique et, pour les candidats dont le gouverneur militaire ou commandant de corps d'armée n'est pas lui-même l'inspecteur général, par l'intermédiaire de l'inspecteur général.

Cette mesure est applicable même dans le cas où l'inspecteur général serait commandant d'un autre corps d'armée, ainsi que cela peut se présenter pour les écoles militaires.

Les dossiers transmis devront contenir les pièces suivantes :

1o Par corps ou service, un état récapitulatif des candidats;

2o Pour chaque candidat :

a) La demande de l'intéressé, avec les avis des chefs hiérarchiques;

b) L'état des services de l'officier;

c) Une note particulière ctablie conformément au modèle annexé à la présente instruction et donnant, sur le candidat, les appréciations des chefs de corps ou de service, des officiers généraux, et, s'il y a lieu, de l'inspecteur général, ainsi que leur avis au point de vue de son admission ou de sa non-admission au concours;

d) Le relevé *in extenso* du registre du personnel de l'officier depuis le commencement de sa carrière (1);

e) La feuille d'inspection comportant les notes successives des chefs hiérarchiques et, s'il y a lieu, de l'inspecteur général : toutes ces notes devront donner une appréciation aussi complète que possible du candidat.

L'examen des demandes sera fait par MM. les gouverneurs militaires de Paris et de Lyon et MM. les commandants de corps d'armée, qui prononceront définitivement avant le 1er septembre 1901 sur l'admission au concours. (M. le général commandant le 19e corps d'armée statuera également pour les officiers de la division d'occupation de Tunisie.)

A cette date, MM. les gouverneurs militaires de Paris et de Lyon et MM. les commandants de corps d'armée feront connaître leur décision aux candidats et adresseront au Ministre :

1º L'état nominatif, conforme au modèle ci-annexé, des officiers admis à prendre part au concours (état néant s'il y a lieu) (2);

2º L'état nominatif (néant, s'il y a lieu) des candidats qui n'auraient pas été autorisés à y prendre part (avec l'indication des motifs qui justifient leur exclusion);

3º Les dossiers complets de demande des officiers admis à concourir.

La résidence des officiers qui sont détachés dans un corps d'armée autre que celui auquel ils appartiennent, devra être indiquée très exactement et d'une manière apparente. Lorsque les officiers seront en congé, il sera fait mention des localités où ils jouissent de leur congé.

En outre, afin d'éviter toute fausse indication dans la répartition des candidats entre les divers centres de composition dont il est question ci-après, il devra être rendu compte au Ministre (Etat-major de l'armée.—Section du personnel) des absences pour cause de permission ou de congé qui pourront se produire depuis

---

(1) Il est indispensable que ce relevé soit la copie textuelle et complète des feuillets successifs du personnel de l'officier.

(2) Une mention indiquant, pour chaque officier, combien de fois il a déjà pris part au concours avant la présentation actuelle, sera inscrite dans l'avant-dernière colonne de l'état nominatif.

— 4 —

le 1er septembre jusqu'au commencement des épreuves écrites (mardi, 21 janvier), ainsi d'ailleurs que des mutations ou renonciations des officiers, au fur et à mesure qu'elles se produiront.

OPÉRATIONS RELATIVES A L'EXÉCUTION DES COMPOSITIONS ÉCRITES DU 1er DEGRÉ.

1° *Levé d'itinéraire.*

Le levé d'itinéraire sera fait par chaque candidat (armée de terre et troupes coloniales) aux environs de sa garnison (ou d'une garnison voisine, si cela est nécessaire pour en assurer la surveillance).

Les itinéraires à lever, différents pour chaque candidat, seront choisis par le général commandant le corps d'armée, sur la proposition du chef du bureau topographique de l'état-major du corps d'armée et dans les conditions fixées par la présente instruction (programme des épreuves écrites). Ces itinéraires seront adressés le 1er octobre, au plus tard, au commandant d'armes de la garnison correspondante, sous double enveloppe cachetée. La première sera ouverte dès la reception des sujets ; la deuxième ne le sera qu'en présence des candidats, le matin du jour fixé pour l'exécution du levé. Cette enveloppe contiendra, pour chaque candidat : 1° l'ordre le concernant (1) ; 2° un tableau des signes conventionnels à l'échelle du 1/20000.

La date de l'exécution du levé sera déterminée par le commandant d'armes de chaque garnison, suivant les circonstances locales et avant le commencement de la mauvaise saison, de manière à choisir une journée favorable. L'exécution du levé devra, dans tous les cas, précéder l'ouverture des autres épreuves écrites.

Les candidats (armée de terre et troupes coloniales) seront réunis dans chaque garnison, par les soins du commandant d'armes. Ils devront se munir des crayons et instruments nécessaires. Les instruments à employer sont laissés au choix des candidats, mais ils devront être de ceux qu'un officier peut porter sur lui. L'emploi de la carte est absolument interdit.

---

(1) Cet ordre sera libellé comme il suit :

M. le   exécutera, dans les conditions fixées par l'instruction pour l'admission à l'Ecole supérieure de guerre en 1902, l'itinéraire de   à

Désignation et cote du point de départ :
Désignation du point d'arrivée :
Orientation générale de l'itinéraire :

A   , le

Le Général commandant le   *corps d'armée,*

NOTA. — Il est inutile d'annexer cet ordre au levé, dans l'envoi au Ministre.

Le papier nécessaire pour l'exécution du levé sera fourni par le ministère de la guerre et envoyé à l'avance à MM. les commandants de corps d'armée, qui le feront parvenir au commandant d'armes de chaque garnison en même temps que les sujets de compositions. A l'issue des épreuves, les feuilles non utilisées seront renvoyées au commandant du corps d'armée, qui les transmettra au Ministre de la guerre (Section du personnel du service d'état-major), en même temps que les feuilles non utilisées pour les autres compositions écrites.

L'exécution du levé sera surveillée, dans chaque garnison, par un ou plusieurs officiers supérieurs. Les mesures nécessaires pour assurer cette surveillance seront prises par le commandant d'armes.

Pour assurer la régularité de l'épreuve, les officiers seront prévenus qu'ils doivent s'abstenir absolument de signer leurs feuilles de composition et d'y porter d'autres indications que les suivantes :

1° Corps d'armée ou gouvernement militaire ;
2° Lieu de garnison (celui aux environs duquel le levé est exécuté) ;
3° Nom, prénoms, grade, corps ou service.

Ces indications seront écrites de la main du candidat sur un papillon placé en tête de la feuille.

Le levé sera fait à pied et remis, au point d'arrivée, à l'officier supérieur chargé de la surveillance, avec une note succincte indiquant la méthode et les instruments employés.

Les compositions seront adressées immédiatement par le commandant d'armes au général commandant le corps d'armée. Elles seront ensuite envoyées au Ministre en même temps et dans les mêmes conditions que le croquis topographique (1).

2° *Opérations relatives à l'exécution des compositions écrites du 1ᵉʳ degré (autres que le levé d'itinéraire). — Centres d'examen.*

Les compositions écrites d'admissibilité (autres que le levé d'itinéraire) seront faites aux chefs-lieux des corps d'armée, où les candidats devront être réunis dès la veille. Toutefois, les officiers détachés ou en position régulière d'absence feront leurs compositions au chef-lieu du corps d'armée ou du gouvernement dans lequel ils se trouveront.

Les candidats d'Algérie feront leurs compositions écrites à Alger ; ceux de la division d'occupation de Tunisie les feront à Tunis.

---

(1) Dans le cas où, par suite de promotion, mutation, etc., un candidat prendrait part aux compositions écrites dans un autre corps d'armée que celui où il a exécuté le levé d'itinéraire, ce levé devrait être transmis, avant le 20 janvier 1902, par le commandant de corps d'armée sur le territoire duquel il a été exécuté, au commandant de corps d'armée dont relèverait le candidat lors des autres épreuves écrites.

Les sujets de compositions choisis par le comité technique d'état-major, sur la proposition du général commandant l'Ecole supérieure de guerre, seront les mêmes pour tous ; ils seront adressés par le Ministre à chaque commandant de corps d'armée, sous double enveloppe cachetée. La première sera ouverte dès la réception des sujets ; la deuxième ne le sera qu'en présence des candidats.

Dans chaque corps d'armée, le chef d'état-major sera chargé de la surveillance pendant les compositions écrites. Il ouvrira la séance et pourra se faire suppléer ensuite par un officier supérieur. Toute communication des candidats avec l'extérieur et entre eux sera interdite. Il est formellement défendu aux officiers d'avoir recours à des livres ou notes d'aucune sorte. Toute fraude ou infraction entraînera immédiatement la mise hors concours du candidat qui l'aura commise.

Pour assurer la régularité des épreuves, les officiers seront prévenus qu'ils doivent s'abstenir absolument de signer leurs feuilles de composition et d'y porter d'autres indications que les suivantes :

1° Corps d'armée ou gouvernement militaire ;
2° Centre de composition ;
3° Nom, prénoms, grade, corps ou service.

Ces indications seront écrites de la main du candidat sur un papillon placé en tête de la feuille.

Les officiers admis à prendre part aux épreuves écrites devront se munir, pour leurs compositions et pour l'exécution du croquis topographique, de plumes, crayons (noir, bleu, rouge, vert (1) et mine de plomb) ; ils pourront, en outre, faire usage du compas simple, du double décimètre, de la règle, de l'équerre et de la loupe.

Le papier nécessaire pour les compositions et l'exécution du croquis topographique sera fourni par le ministère de la guerre et envoyé dans chaque centre en même temps que les sujets de compositions. A l'issue des épreuves, les feuilles non utilisées seront renvoyées au ministère de la guerre (Section du personnel du service d'état-major).

Afin d'éviter toute perte de temps dans la correction des compositions, celles-ci seront adressées au Ministre de la guerre immédiatement après chacune des trois journées d'examens. Cet envoi comprendra les levés d'itinéraires exécutés par les candidats dans leurs garnisons respectives.

Afin de permettre de contrôler l'envoi exact de toutes les compositions, on devra, dans chaque centre d'examen, joindre au premier envoi adressé au Ministre (compositions de tactique) un

---

(1) Le crayon *vert* sera employé pour la représentation des bois, à l'exclusion du crayon *jaune*.

état faisant connaître les candidats qui devaient composer dans ce centre d'examen. Mention sera faite sur cet état, en regard des noms des officiers n'ayant pas remis de composition, de leur abstention, ou de leurs mutations ou renonciation antérieures.

Lors de l'envoi au Ministre de la guerre des autres compositions (y compris l'épreuve facultative sur les langues étrangères autres que l'allemand), il devra également être rendu compte au Ministre du désistement des officiers qui n'auraient pas composé.

Les enveloppes contenant les compositions seront faites en papier fort et résistant ; elles porteront les indications suivantes : « ᵉ Epreuve du concours d'admission à l'Ecole supérieure de guerre. Pour le Ministre de la guerre seul. »

Les compositions seront remises au président du comité technique d'état-major qui fera inscrire en sa présence un même numéro d'ordre sur le papillon placé en tête de chaque feuille de composition et sur la feuille elle-même.

Les papillons seront aussitôt détachés et placés séance tenante dans une enveloppe cachetée destinée à n'être ouverte qu'après la correction des compositions.

Les compositions écrites d'admissibilité seront notees et classées à Paris par la commission d'examens, et d'après ce classement le Ministre arrête la liste des candidats admis à subir les épreuves d'admission. L'insertion de cette liste au *Journal officiel* tient lieu de convocation pour lesdites épreuves.

Les notes obtenues par les candidats pour les épreuves d'admissibilité serviront, concurremment avec celles des épreuves d'admission à dresser le classement qui sera établi à la suite du concours.

COMPOSITION DE LA COMMISSION D'EXAMENS ET OPÉRATIONS RELATIVES AUX ÉPREUVES.

La commission chargée de procéder à la correction des épreuves écrites du 1ᵉʳ et du 2ᵉ degré et aux examens oraux, ainsi qu'à l'épreuve d'équitation, sera composée du comité technique d'état-major, auquel seront adjoints, sur la proposition de son président, un certain nombre d'officiers généraux, colonels ou lieutenants-colonels des différentes armes et un fonctionnaire de l'intendance. Les troupes coloniales seront représentées dans la commission par un officier général ou un colonel ou lieutenant-colonel d'infanterie ou d'artillerie coloniale.

La commission se subdivisera :

a) Pour la correction des épreuves écrites du 1ᵉʳ et du 2ᵉ degré, en autant de sous-commissions qu'il y a de matières (soit cinq sous-commissions au 1ᵉʳ degré et trois au 2ᵉ degré);

b) Pour les examens oraux, en deux sous-commissions opérant simultanément et examinant tous les candidats sur un certain nombre de matières.

Les sous-commissions seront assistées du nombre nécessaire de professeurs militaires.

Le président du comité technique d'état-major est chargé d'organiser ces sous-commissions.

Pour les examens oraux, les candidats tireront au sort les questions sur lesquelles ils auront à répondre.

La date à laquelle ils devront être rendus à Paris pour y subir les épreuves écrites et orales d'admission, sera fixée ultérieurement; dès leur arrivée, ils se présenteront et s'inscriront à l'Ecole supérieure de guerre (Ecole militaire), où ils recevront les avis et renseignements nécessaires.

Le lendemain, les candidats, réunis dans une des salles de l'Ecole, tireront au sort l'ordre dans lequel ils subiront les examens oraux, à la date qui leur sera indiquée, et recevront les indications relatives aux conditions dans lesquelles ils auront à faire les compositions écrites du 2e degré.

Pour les épreuves, ils seront en tenue du jour.

Après la clôture des examens, les candidats recevront lecture de la liste établie par arme, et dans chaque arme, par grade et ancienneté, de ceux qui seront définitivement admis, et le Ministre fera connaître aux commandants de corps d'armée ceux qui seront définitivement admis à l'Ecole. Tous rejoindront, après leurs examens, leurs régiments ou leurs destinations (1).

Le programme annexé à la présente instruction résume, d'une manière générale, les connaissances que les officiers doivent posséder pour subir les épreuves auxquelles ils sont astreints.

Toutes les parties en sont obligatoires, et l'insuffisance d'un candidat dans l'une quelconque des épreuves orales ou dans l'épreuve d'équitation pourra entraîner son exclusion. Toutefois, cette exclusion ne pourra être prononcée que lorsque toutes les épreuves auront été subies, par une décision de la commission réunie.

NATURE DES ÉPREUVES.

1° Admissibilité.

ÉPREUVES ÉCRITES DU 1ᵉʳ DEGRÉ.

Les épreuves écrites d'admissibilité, au nombre de six, auront lieu :

Le levé d'itinéraire, au jour fixé par le commandant d'armes de chaque garnison;

---

(1) Les officiers admis à l'Ecole supérieure de guerre doivent accomplir, pendant la période qui s'étend entre la clôture des examens et l'entrée à l'Ecole, deux stages de deux mois chacun dans des corps de troupe d'armes différentes de leur arme d'origine.

Les autres épreuves, les 21, 22, 23 et 24 janvier 1902, aux heures fixées ci-après.

Elles porteront sur les matières suivantes :

1° *Levé d'itinéraire* (à l'échelle du 1/20.000) (7 *heures*).

Ce levé comprendra une étendue de 4 kilomètres environ, dans le sens du tracé d'une route, et une largeur de 500 mètres environ de chaque côté de celle-ci, dans une région découverte, à proximité immédiate de la garnison, et présentant quelques accidents de terrain bien définis.

Le dessin sera fait au crayon et sur le terrain même, au fur et à mesure de l'exécution du levé. On emploiera le crayon rouge pour les maçonneries, le bleu pour les eaux, le vert pour les bois, le bistre pour le figuré du terrain. La planimétrie et les écritures seront en noir.

On se conformera, pour les écritures et les signes conventionnels, aux indications du tableau établi par le service géographique de l'armée, pour l'échelle du 1/20.000, dont un exemplaire sera remis à chaque candidat à l'ouverture de la séance.

Le figuré du terrain sera exprimé à l'aide de courbes de niveau équidistantes de 5, 10 ou 20 mètres, suivant que les terrains seront peu accidentés, moyennement accidentés ou montagneux. On ne s'assujettira pas à tracer ces courbes continues dans toute l'étendue du levé.

Celui-ci sera complété, s'il y a lieu, par des profils et par quelques croquis des points remarquables du terrain.

Chaque candidat indiquera très succinctement, dans une note annexée au levé, la méthode et les instruments employés par lui. Il indiquera sur le levé même l'équidistance adoptée.

Le chef d'état-major joindra à ces indications la carte au 1/80.000ᵉ contenant le terrain des itinéraires levés par les candidats ; chacun de ces itinéraires sera tracé à l'encre rouge sur cette carte, afin que les correcteurs aient les éléments nécessaires pour juger de la valeur du travail.

2° AUTRES ÉPREUVES ÉCRITES D'ADMISSIBILITÉ.

1ᵉʳ jour. — Mardi 21 janvier.

(5 *heures*. — *De* 11 *heures du matin à* 4 *heures du soir.*)

1° Solution d'une question militaire, traitée d'après la carte et se rattachant à une des opérations les plus simples, mentionnées dans les instructions ministérielles relatives aux manœuvres avec cadres. Le sujet donné comportera une question de règlements, mécanisme et emploi des formations tactiques, et une question de tactique appliquée.

2ᵉ jour. — Mercredi 22 janvier.

(4 heures. — De 8 heures à midi)

2° Analyse ou étude critique d'une question d'histoire se rapportant aux campagnes de 1809, 1812, 1813 (1). La connaissance complète que les candidats doivent avoir de ces. trois guerres comporte, pour chacune d'elles, la situation politique et militaire des belligérants, les causes du conflit, l'organisation et les méthodes de guerre des partis opposés, les événements avec leurs origines et leurs conséquences. En traitant la question qui leur est donnée, les candidats doivent s'attacher plutôt à la philosophie des faits qu'à leur exposé (2).

3ᵉ jour. — Jeudi 23 janvier.

(3 heures. — De 8 heures à 11 heures du matin.)

3° Etude sommaire de questions de législation et d'administration dans les limites du programme. (Voir ci-après.)

3ᵉ jour. — Jeudi 23 janvier.

(1 h. 1/2. — De 2 heures à 3 h. 1/2 du soir.)

? 4° Traduction en allemand d'un morceau de prose française choisi de préférence dans un ouvrage militaire.

La composition sera faite sans l'aide de lexique, ni de dictionnaire.

Les caractères allemands seront employés pour l'écriture de cette composition.

3ᵉ jour. — Jeudi 23 janvier.

(1/2 heure. — De 3 h. 1/2 à 4 heures du soir.)

Réponses écrites à un questionnaire, formulé en allemand. (Ces réponses seront portées, en regard des questions, sur la feuille même qui sera remise aux candidats.)

Nota. — Le thème et le questionnaire doivent être remis aux officiers successivement et strictement dans les limites de temps fixées par l'instruction.

4ᵉ jour. — Vendredi 24 janvier.

(5 heures. — De 11 heures du matin à 4 heures du soir.)

5° Croquis topographique, à une échelle donnée, d'une portion de carte, le figuré du terrain étant représenté par des courbes horizontales.

---

(1) Les opérations militaires en Espagne, pendant les guerres de 1809, de 1812 et 1813, ne seront pas demandées.

(2) Nota. — A partir de 1903, la période ci-dessus indiquée comportera quatre campagnes consécutives au lieu de trois.

Le sujet de chacune de ces quatre épreuves sera choisi parmi un certain nombre de sujets proposés par le général commandant l'Ecole.

2° Admission.

Les candidats reconnus admissibles subiront, au mois de mars, à Paris, les examens écrits et les examens oraux qui sont indiqués ci-après :

ÉPREUVES ÉCRITES DU 2ᵉ DEGRÉ.

Les épreuves écrites d'admission, au nombre de trois, auront lieu à l'Ecole supérieure de guerre (Ecole militaire), à partir du surlendemain du jour où les candidats reconnus admissibles y auront été réunis.

Elles seront subies dans l'ordre suivant :

1ᵉʳ jour. (4 heures. — De midi à 4 heures du soir.)

1° *Géographie.* — Le sujet comportera deux questions (voir ci-après le programme), savoir :

a) Une question détaillée sur la France et les pays voisins de ses frontières.

Le candidat exposera, d'une manière sommaire, la constitution géologique du sol, et les causes qui ont déterminé le tracé des grandes lignes du dessin géographique.

b) Une question générale sur le reste du programme.

Chaque candidat recevra, pour chaque question, un croquis d'ensemble, qu'il devra compléter. Il devra se munir de crayons de couleur (bleu pour les cours d'eau, bistre pour les montagnes, etc.).

2ᵉ jour. (4 heures. — De 8 heures à midi.)

2° *Fortification.* (Voir ci-après le programme).

3ᵉ jour. (3 heures. — De 1 heure à 4 heures du soir.)

3° *Topographie.* — Description d'un terrain délimité sur une carte en vue d'une opération militaire déterminée.

Le sujet de chacune de ces trois épreuves sera choisi parmi un certain nombre de sujets proposés par le général commandant l'Ecole.

ÉPREUVES ORALES.

Ces épreuves, qui seront subies à Paris, devant la commission, comprendront deux examens oraux, portant sur les matières ci-après :

1ᵉʳ examen..	{ Tactique d'infanterie. { Tactique de cavalerie.
2ᵉ examen..	(Artillerie. { Organisation militaire. (Allemand.

Les candidats seront autorisés à présenter à la commission, à chaque examen, les travaux militaires qu'ils auraient antérieurement exécutés.

ÉPREUVE D'ÉQUITATION.

L'épreuve d'équitation aura également lieu à Paris, devant une délégation de la commission d'examens.

PROGRAMME DES EXAMENS ÉCRITS D'ADMISSION.

GÉOGRAPHIE.

A) NOTIONS DE GÉOLOGIE ET DE GÉOGRAPHIE PHYSIQUE RAISONNÉE.

Formation de la croûte terrestre : roches primitives, éruptives, sédimentaires; fossiles; ère primaire, secondaire, tertiaire, quaternaire.
Formation des reliefs du modèle terrestre (action marine, action des eaux, action glaciale, etc.).

B) PARTIE DÉTAILLÉE.

France.
Frontières, leur tracé et leurs défenses.
Grandes régions, description physique : Bretagne, Massif central, bassin de Paris, régions du Nord, du Nord-Est, du Sud-Est et du Sud-Ouest.

C) PARTIE GÉNÉRALE.

Algérie, Tunisie et colonies françaises. — Notions générales sur l'Algérie et la Tunisie : les côtes, le Tell, le Sahara, voies de pénétration, races.
Notions plus sommaires sur les autres colonies françaises : Sénégal, Soudan français, Congo français, Indo-Chine, Madagascar.

Les Alpes. — Description d'ensemble. — Alpes principales. — Alpes subordonnées. — Leurs principaux passages.

La Suisse. — Conditions de sa neutralité.

Empire d'Allemagne. — Description physique générale. — Côtes. — Frontières orientales et occidentales.

Monarchie austro-hongroise. — Description physique générale. — Régions frontières. — Constitution politique de l'empire. — Notions sur les races.

Belgique et Pays-Bas. — L'Escaut, le Rhin, la Meuse. — Système de défense. — Conditions de neutralité de la Belgique.

Italie. — Italie du Nord et Italie péninsulaire.

Russie. — Notions d'ensemble sur l'empire russe et sur son extension asiatique. — Frontières occidentales de l'empire.

Péninsule des Balkans. — Configuration générale du sol. — Les Etats de la Péninsule. — Historique sommaire de leur formation; traité de Berlin.

Empire britannique. — Les îles Britanniques. — L'expansion anglaise en Amérique, en Asie, en Afrique, en Océanie.

Méditerranée et mer Noire. — Rôle économique. — Lignes principales de navigation. — Stations et ports militaires principaux.

FORTIFICATION ET SERVICE DU GÉNIE.

I. — FORTIFICATION PASSAGÈRE.

Toutes les matières comprises dans l'instruction ministérielle du 15 novembre 1892 sur les travaux de campagne à l'usage des troupes d'infanterie.

Notions élémentaires sur les travaux de campagne plus importants pouvant être exécutés par les troupes du génie et visés dans la même instruction : ouvrages fermés à la gorge ; groupes d'ouvrages ; défenses accessoires diverses ; organisation défensive de lieux habités.

Applications à diverses situations tactiques simples, défense d'un défilé, d'un passage de rivière, etc.

II. — FORTIFICATION PERMANENTE.

Données générales sur les éléments constitutifs des places construites avant l'artillerie rayée.

Nomenclature raisonnée du profil.

Tracé bastionné. — Etude sommaire des tracés de Vauban et de Cormontaigne.

Tracé polygonal. — Propositions de Montalembert et de Carnot.

Notions sommaires sur la fortification polygonale étrangère.

Fortifications construites depuis 1870. Profil, tracé, mode de flanquement. Abris et magasins. — Communications intérieures.

Forts d'arrêt. — Forts détachés. — Organisation d'ensemble d'une place à forts détachés.

III. — ÉQUIPAGES DE PONT.

Description sommaire et emploi des bateaux, nacelles, chevalets à deux pieds, corps-morts, poutrelles, madriers, engins d'ancrage, faisant partie du matériel d'équipage.

Composition des équipages de pont de corps d'armée.

Notions générales sur la construction des ponts d'équipage par bateaux successifs, par portières, par parties, par conversion.

LÉGISLATION ET ADMINISTRATION MILITAIRES

Nota. — Les candidats doivent s'attacher uniquement à bien connaître l'esprit des règlements et le fonctionnement général des services en temps de paix; c'est dans ce sens que les questions devront être traitées, en écartant tout détail administratif.

Recrutement de l'armée.

Loi du 15 juillet 1889: son but; principes sur lesquels elle repose; dispositions essentielles de cette loi; modifications principales qui y ont été apportées.

Du rengagement, situation du rengagé en ce qui concerne son état militaire.

Particularités relatives au rengagement dans l'armée coloniale.

Avancement.

Principes posés par la loi du 14 avril 1832 et l'ordonnance du 16 mars 1838.

Recrutement et avancement des officiers (armée active, réserve et armée territoriale).

Etat des officiers.

Commenter les dispositions de la loi du 19 mai 1834; faire ressortir les différences avec les décrets du 31 août 1878 et du 20 mars 1890 sur l'état des officiers de réserve et de l'armée territoriale.

Administration et comptabilité des corps de troupe.

Du rôle et de la responsabilité des conseils d'administration et de leurs agents.

Du rôle et de la responsabilité du commandant de l'unité administrative.

Moyens par lesquels les corps d'abord, les unités administratives ensuite, se procurent l'habillement, l'armement, le casernement et le couchage.

Fonctionnement des ordinaires.

Service de la solde.

But de la solde; comment elle est perçue. Fonctionnement des masses. Vérification et apurement des comptes.

Service des subsistances.

Organisation et fonctionnement. — Instruction sur l'alimentation en temps de guerre.

PROGRAMME DES EXAMENS ORAUX D'ADMISSION.

ORGANISATION MILITAIRE.

1° Evolution de l'organisation en France, depuis 1792 jusqu'à 1815;

2° Principes actuels d'organisation des forces actives : en France, en Russie, en Allemagne, en Autriche-Hongrie et en Italie.

TACTIQUE D'INFANTERIE ET TACTIQUE DE CAVALERIE.

1° *Tactique de l'infanterie française* d'après les règlements actuels :

Règlement sur l'exercice et les manœuvres de l'infanterie : bases de l'instruction, écoles de compagnie, de bataillon, de régiment ; applications aux unités plus fortes.

Règlement sur le service des armées en campagne. Instruction en vigueur sur le service de l'infanterie en campagne.

Principes généraux du règlement sur l'instruction du tir.

Principes pour le ravitaillement en munitions sur le champ de bataille.

2° *Tactique de la cavalerie française*, d'après les règlement actuels :

Règlement sur les exercices de la cavalerie : bases de l'instruction, écoles de peloton, d'escadron, de régiment, de brigade et de division.

Evolutions, manœuvres de combat.

Règlement sur le service des armees en campagne. Instruction en vigueur sur le service de la cavalerie en campagne.

Artillerie.

1° PARTIE HISTORIQUE

Modes d'emploi de l'artillerie dans les guerres de la Révolution et de l'Empire.

Modifications apportées à ce mode d'emploi dans les guerres de 1866 et 1870-71, par suite de l'adoption des canons rayés à grande portée.

2° NOTIONS SUR LE TIR DES BOUCHES A FEU.

Des divers genres de tir; leur emploi dans la guerre de campagne et dans la guerre de forteresse (tir de plein fouet, plongeant, vertical; pointage direct, pointage indirect; repérage).

Mode d'emploi du canon de campagne, influence de la rapidité du tir et de l'organisation des projectiles.

Principes généraux du réglage du tir, en portée, en direction, en hauteur d'éclatement.

3° MATÉRIEL.

Conditions générales auxquelles doit satisfaire soit un matériel de campagne, soit un matériel de siège.

Canons à tir rapide : progrès qui ont permis de les réaliser; conséquences de leur emploi.

Description et propriétés principales du matériel de 90 et de 80. Des moyens d'augmenter la rapidité du tir.

Description succincte du matériel de siège : 120 et 155 long et court, mortier de 220.

Organisation des projectiles. Des effets et de l'emploi de l'obus à mitraille et ae l'obus allongé de 90.

Des shrapnels à fumée abondante; avantages et inconvénients dans la guerre de campagne.

4° ORGANISATION.

Composition de la batterie et du groupe.

Organisation de l'artillerie de campagne dans le corps d'armée et dans la division de cavalerie.

Unités de ravitaillement.

Remplacement des munitions en campagne.

5° RÈGLEMENTS (1).

Instructions et règlements en vigueur sur le service des bouches à feu de campagne, sur le service de l'artillerie en campagne, sur l'artillerie dans le combat.

NOTA. — Les candidats doivent posséder la connaissance des règlements de manœuvres des trois armes, au point de vue de leur emploi plutôt qu'à celui de l'instruction des troupes.

ALLEMAND.

Les candidats auront à traduire, à la lecture, de l'allemand en français et du français en allemand. Ils devront pouvoir lire l'allemand, tant imprimé que manuscrit, écrire correctement sous la dictée, et échanger avec l'examinateur quelques phrases simples de conversation.

Ils seront notés sur chacune des autres langues étrangères qu'ils posséderont.

---

(1) Les candidats ne seront pas interrogés sur les documents confidentiels.

NOTE D'APTITUDE GÉNÉRALE.

Une note d'aptitude sera attribuée à chaque officier. Cette note sera donnée, en fin de séance, aux officiers examinés dans la journée, par chacune des sous-commissions de classement chargées de faire subir les épreuves orales.

Les sous-commissions recevront, à cet effet, communication du dossier des candidats et prendront connaissance, s'il y a lieu, des travaux personnels qui leur seront présentés.

La note définitive sera la moyenne des notes données par les deux sous-commissions chargées des examens oraux.

Le coefficient de la note d'aptitude sera de cinq et le produit de la note définitive multipliée par ce coefficient comptera, pour l'admission, dans le total général des points.

TABLEAU DES COEFFICIENTS.

Les coefficients sont fixés ainsi qu'il suit, tant pour les épreuves écrites que pour les épreuves orales, la note d'aptitude générale et l'équitation.

1° *Epreuves écrites d'admissibilité.*
(1er degré.)

Question militaire.........................	7
Histoire...................................	6
Législation et administration..............	3
Allemand...................................	2
Itinéraire et croquis......................	3
TOTAL........... 21 ci.....	21

2° *Epreuves écrites d'admission.*
(2° degré.)

Géographie.................................	4
Fortification..............................	4
Description du terrain.....................	3
TOTAL........... 11 ci.....	11

3° *Epreuves orales d'admission.*

1re sous-commission.	Tactique d'infanterie.	4
	Tactique de cavalerie.	4
2e sous-commission.	Artillerie............	4
	Organisation........	2
	Allemand............	3
	Total........... 17 ci.....	17

4° *Note d'aptitude générale.*

Note d'aptitude.. 5

5° *Equitation.*

Equitation..................................... 1

TOTAL GÉNÉRAL............... 55

Ecole.   1.

ÉPREUVE FACULTATIVE SUR LES LANGUES ÉTRANGÈRES AUTRES
QUE L'ALLEMAND.

Les candidats qui désireraient subir une épreuve sur une ou
plusieurs langues étrangères autres que l'allemand devront en
faire la déclaration en adressant au commandant de corps d'armée
leur demande d'admission au concours.

Cette épreuve facultative comprendra une composition écrite
et un examen oral.

Composition écrite. — Elle aura lieu le troisième jour à la suite
de l'épreuve écrite d'allemand. Les candidats devront traduire
seulement le texte du thème allemand dans la langue qu'ils auront
choisie, sans l'aide de lexique ni de dictionnaire. Il leur sera
accordé une heure et demie en plus pour la traduction en chaque
langue autre que l'allemand.

La note obtenue n'entrera pas en compte pour l'admissibilité.

Examen oral. — Il aura lieu à la suite de l'examen oral d'allemand.

La note définitive à attribuer au candidat pour la connaissance
d'une langue étrangère autre que l'allemand sera obtenue en pre-
nant la moyenne des notes de l'épreuve écrite et de l'épreuve orale.

Cette note définitive, si elle est au moins égale à 16, s'ajoutera
à la somme des points acquis dans les épreuves obligatoires du
concours pour sa valeur absolue, si le candidat a fait preuve de
connaissance des langues anglaise et russe, pour la moitié seulement de cette valeur, s'il s'agit d'autres langues.

Dans le cas d'épreuves subies sur deux ou plusieurs langues,
une note distincte sera attribuée à chaque langue et comptée
comme il est dit ci-dessus.

CORPS D'ARMÉE.　　NOTES PARTICULIÈRES SUR M. LE

 DIVISION.

^e BRIGADE.

^e RÉGIMENT.　　*Candidat à l'École supérieure de guerre.*

1° Appréciation du colonel.

A) Appréciation du candidat comme officier de troupe : qualités d'instructeur; qualités de commandement; autorité morale et ascendant sur la troupe.

B) Emplois et missions dans le corps et en dehors du corps ; leur durée; appréciation sur la manière dont l'officier a rempli ces emplois et missions.

Appréciation du colonel (suite).

C) Travaux divers, mémoires, conférences, etc., faits par l'officier ; appréciation sur la valeur de ses travaux.

D) Fermeté de caractère, énergie, volonté, personnalité.

E) Jugement, tact, éducation.

F) Vigueur, santé, endurance à la fatigue.

G) Aptitude à saisir une question, à la traiter avec méthode et à fond, à la résoudre logiquement.

2º *Appréciation du général de brigade.*

3º *Appréciation du général de division.*

4º *Décision prise par le commandant du corps d'armée.*

ÉTAT NOMINATIF DES OFFICIERS

DU   ° CORPS D'ARMÉE

admis à prendre part au concours d'admission à l'École supérieure de guerre en 19   .

NOMS ET PRÉNOMS DES OFFICIERS.	GRADE.	ARME ET CORPS.	RÉSIDENCE AU 1ᵉʳ AOUT		LANGUES ÉTRANGERES autres quo l'allemand pour lesquelles les candidats désirent subir les épreuves.	CHIFFRE INDIQUANT combien de fois chaque officier a déjà pris part au concours *avant* la présentation actuelle.	OBSERVATIONS.
			dans le corps d'armée	en dehors du corps d'armée			

*Instruction déterminant les conditions dans lesquelles devront
avoir lieu, en 1901, les examens qu'auront à subir les officiers supérieurs et les capitaines de toutes armes candidats
au brevet d'état-major.*

Document abrogé : *Règlement du 18 avril 1900.*

Paris, le 13 avril 1901.

En vertu des dispositions de l'article 3 de la loi du 20 mars 1880
et de l'article 11 du décret du 3 janvier 1891, le Ministre de
la guerre a arrêté ainsi qu'il suit, pour l'année 1901, l'organisation
et le programme des épreuves qu'auront à subir les officiers supérieurs et les capitaines de toutes armes admis à concourir pour
l'obtention du brevet d'état-major.

DEMANDES DES CANDIDATS.

Les officiers supérieurs et les capitaines ne sont admis aux
examens que s'ils ont, au 31 décembre de l'année courante, sept
années de grade d'officier, dont trois au moins passées dans les
troupes.

Les officiers qui auront échoué aux examens d'admission à
l'Ecole supérieure de guerre ne pourront se présenter à ceux pour
l'obtention du brevet d'état-major qu'après deux ans écoulés.

Les demandes des candidats devront être transmises par la
voie hiérarchique. Elles seront établies sous forme de propositions du modèle des inspections générales et accompagnées d'un
état de services, d'un rapport particulier conforme au modèle annexé au présent règlement et d'un extrait du registre du personnel.

MM. les chefs de corps ou de service, les généraux de brigade,
de division et commandants de corps d'armée noteront les officiers
avec le plus grand soin; ils s'efforceront de faire ressortir l'aptitude professionnelle plus ou moins grande des candidats, et appré-
cieront notamment la vivacité de leur esprit, la facilité de leur travail, la sûreté de leur jugement, les qualités de leur caractère et
enfin leur aptitude au service d'état-major.

Toutes les demandes seront transmises au Ministre, quel que
soit l'avis les accompagnant, avant le 15 juillet prochain, terme
de rigueur (Etat-major de l'armée, Section du Personnel du servi-
d'état-major).

Les commandants des corps d'armée dans lesquels il ne se pré-
sentera pas de candidats devront envoyer des états «néant».

L'examen des demandes sera fait par le Comité technique d'état-major ou par une délégation dudit Comité choisie par le président, et le Ministre notifiera, en temps utile aux commandants de corps d'armée les noms des officiers admis à subir les épreuves.

COMMISSION D'EXAMEN.

Cette commission sera celle qui procédera aux examens de sortie des officiers détachés à l'Ecole supérieure de guerre ; elle se composera des membres du Comité technique d'état-major, auxquels seront adjoints des officiers généraux appartenant aux différentes armes désignés à cet effet.

Elle se subdivisera, comme pour les officiers détachés à l'Ecole supérieure de guerre, en sous-commissions, examinant chacune tous les candidats sur un certain nombre de matières.

La correction des compositions écrites des candidats au brevet aura lieu concurremment avec celle des compositions des officiers sortant de l'Ecole supérieure de guerre (sans distinction entre ces deux catégories de candidats), et avec les mêmes garanties de secret.

NATURE DES ÉPREUVES.

L'ensemble des épreuves comprendra :

1º Des épreuves écrites savoir :

A. Une question de tactique.
B. Une question de service d'état-major en campagne.
C. Une question d'histoire.
D. Un croquis topographique (pour les capitaines seulement).

Les sujets des deux premières épreuves seront les mêmes que ceux qui seront donnés aux officiers sortant de l'Ecole supérieure de guerre.

La composition d'histoire consiste dans l'analyse ou l'étude critique d'une question se rapportant aux campagnes de 1809, 1812, 1813 (1). La connaissance complète que les candidats doivent avoir de ces trois guerres comporte, pour chacune d'elles, la situation politique et militaire des belligérants, les causes du conflit, l'organisation et les méthodes de guerre des partis opposés, les événements avec leurs origines et leurs conséquences. En traitant la question qui leur est donnée, les candidats doivent s'attacher plutôt à la philosophie des faits qu'à leur exposé (2).

---

(1) Les opérations militaires en Espagne, pendant les guerres de 1809, 1812, 1813 ne seront pas demandées.

(2) Nota. A partir de 1903, la période ci-dessus indiquée comportera quatre campagnes consécutives au lieu de trois.

Le sujet du croquis topographique sera choisi par la commission d'examen.

2° Des épreuves orales dont le programme est indiqué ci-après.

3° Une épreuve d'équitation.

En outre, chaque candidat devra présenter à la commission un travail d'étude, dont le sujet lui aura été donné par le chef d'état-major du corps d'armée, et qui sera visé par le chef de corps ou le chef de service.

Pour le choix du programme et l'exécution de ce travail, on se conformera aux prescriptions de l'instruction du 20 février 1895 sur les travaux et exercices des officiers du service d'état-major.

Indépendamment de ce travail obligatoire, les candidats sont autorisés à présenter à la commission d'examen les travaux et ouvrages personnels qu'ils auront pu exécuter.

La commission fera connaître, en outre, par une note spéciale pour chaque candidat, son appréciation au sujet de son aptitude au service d'état-major.

Le coefficient de la note d'aptitude sera de quatre et le produit de la note multipliée par ce coefficient comptera, pour l'admission, dans le total général des points.

DATES DES ÉPREUVES.

1° *Epreuves écrites.*

La question de tactique et la question de service d'état-major en campagne auront lieu aux mêmes dates et aux mêmes heures que les épreuves similaires des examens de sortie de l'Ecole supérieure de guerre, mais dans un local distinct.

L'épreuve écrite d'histoire aura lieu quarante-huit heures après la composition sur le service d'état-major : quatre heures (de 8 heures du matin à midi) seront accordées aux candidats pour son exécution.

Le lendemain du jour où aura eu lieu l'épreuve d'histoire, le croquis topographique des capitaines candidats au brevet (copie à l'échelle ou agrandissement) sera exécuté dans une séance d'une durée de cinq heures (de 11 heures du matin à 4 heures du soir).

L'usage du compas simple, du double décimètre, de la règle et de l'équerre sera autorisé.

2° *Epreuves orales et épreuve d'équitation.*

Ces épreuves auront lieu en même temps que celles des examens de sortie de l'Ecole supérieure de guerre.

Les dates des diverses épreuves seront notifiées en temps utile aux commandants de corps d'armée, qui les feront connaître aux candidats.

PROGRAMME DES ÉPREUVES ORALES.

TACTIQUE GÉNÉRALE.

Développement et discussion d'une question de tactique générale appliquée à un cas concret.

Le cas que le candidat aura à traiter, au point de vue de la tactique générale, sera tiré d'un thème général qui lui sera remis d'avance ; ce même cas servira à la discussion de tactique appliquée des trois armes visée ci-après dans le programme.

TACTIQUE APPLIQUÉE D'INFANTERIE.

ÉTUDE DE L'ARME.

1° *Organisation de l'infanterie ;*

2° *L'infanterie en marche.* — Vitesse, formations, longueur des colonnes — Moyens d'augmenter la puissance de marche des grosses unités.

Exécution des marches. — Marches forcées, de nuit, etc. — Hygiène. — Discipline de marche.

3° *L'infanterie en station.* — Cantonnements. — Préparation du cantonnement. — Mesures diverses à prendre dans l'intérieur des corps de troupe. — Bivouacs. — Dispositif normal.

4° *Du service de sûreté en marche et en station.* — Marche en avant. — Avant-garde ; son rôle, sa force et sa composition. — Sûreté sur les flancs.

Marche de flanc et marche en retraite. — Flanc-garde et arrière-garde; leur rôle, leur force et leur composition.

Avant-postes. — Emploi de l'infanterie dans le service de sûreté en station. — Choix des positions d'avant-postes et rôle des différents éléments.

5° *L'infanterie au combat.* — Rôle multiple de l'infanterie sur le champ de bataille, dans l'attaque et dans la défense.

Importance et emploi des feux. — Armement. — Etude du règlement. — Formations de manœuvre et de combat.

INFANTERIE EN COMBINAISON AVEC LES AUTRES ARMES.

1° *Principes de tactique.* — Combat offensif. — Combat défensif.
2° *Applications.*

DE LA GUERRE AUX COLONIES ET EN PAYS DE MONTAGNE.

Infanterie en Afrique, aux colonies, en pays de montagne. —

Marches. — Importance du convoi. — Stationnement. — Sûreté.
— Combat.

INFANTERIES ÉTRANGÈRES.

Étude comparative de la tactique de l'infanterie dans les diverses armées étrangères. — Formations. — Etude des manœuvres de l'armée allemande.

L'épreuve de tactique d'infanterie consistera dans l'examen sur la carte d'un cas concret, déduit de la question de tactique générale dans lequel seront envisagées une ou plusieurs des questions ci-dessus énumérées.

TACTIQUE APPLIQUÉE DE CAVALERIE.

APPLICATION TACTIQUE DES RÈGLEMENTS EN VIGUEUR DANS LA CAVALERIE SUR :

LES MARCHES.

Allures et vitesses des marches.
Longueur des marches.
Ordre et formations de marche.
Mesures conservatrices des hommes et des chevaux; règles générales à observer à cet égard; nourriture des hommes, nourriture des chevaux; soins à donner au harnachement, au paquetage, à la ferrure.
Marches de nuit.
Remonte de la cavalerie en campagne.
Alimentation des troupes de cavalerie en campagne.
Service de sûreté en marche de la cavalerie : principes généraux; colonne de régiment; colonne de brigade; colonne de division.
Répartition de la cavalerie dans les armées. — Ses différentes missions.
Le service d'exploration. — Principes qui le régissent d'après le décret du 28 mai 1895.
La découverte. — Son fonctionnement.
Infanterie en soutien de la cavalerie.
Transmission des renseignements et service de correspondance.
Cavalerie de sûreté d'après le décret du 28 mai 1895.
Cavalerie divisionnaire.
Cavalerie en combinaison avec un détachement de toutes armes.

LE STATIONNEMENT.

Place et rôle de la cavalerie pendant les stationnements.
Différents modes de stationnement de la cavalerie.

Bivouacs.

Cantonnements.

Service de sûreté en station de la cavalerie.

Nature générale de ce service.

Cantonnements d'alarme.

Avant-postes mixtes.

LE COMBAT ET L'EMPLOI DE L'ARME.

Considérations générales sur le combat de la cavalerie.

Combat contre la cavalerie.

Combat contre l'infanterie.

Combat contre l'artillerie.

Combat à pied.

Passage des défilés.

Emploi de la cavalerie sur le champ de bataille : avant le combat et dans le déploiement des colonnes de toutes armes; pendant le combat; après le combat; poursuite; retraite.

Emploi de la cavalerie en dehors du champ de bataille : Partisans, raids, réquisitions, destructions et travaux de campagne par la cavalerie.

Cavalerie combinée avec l'artillerie.

Considérations générales sur la combinaison des deux armes; emploi de l'artillerie dans le combat de la cavalerie; soutien de l'artillerie.

CAVALERIES ÉTRANGÈRES.

Notions générales sur l'organisation et la tactique de la cavalerie dans les armées étrangères, Russie, Allemagne, Autriche-Hongrie, Italie.

L'épreuve de tactique de cavalerie consistera dans l'examen sur la carte d'un cas concret, déduit de la question de tactique générale, dans lequel seront envisagées une ou plusieurs des questions ci-dessus énumérées.

ARTILLERIE.

Description générale du matériel.

Considérations sur les éléments d'un système d'artillerie. — Transformations de l'artillerie depuis 1870.

Bouches à feu.

Projectiles et fusées. — Poudres.

Affûts de campagne, de montagne, de siège, de place, de côte. — Affûts spéciaux.

Voitures de campagne.

Notions sur le matériel des armées étrangères.

Exposé des principes du tir.

Principes généraux du tir. — Eléments du tir. — Dispersion. — Justesse du tir. — Différents genres de tir.

Principes du tir des projectiles percutants et des projectiles fusants de campagne. — Tir à mitraille. — Tir de siège, de place. — Tir à la mer. — Réglage du tir.

Tactique de l'artillerie dans la guerre de campagne.

L'artillerie allemande en 1866 et en 1870-71. — Conséquences de ces deux campagnes sur la tactique de l'arme. — Conséquences tactiques des progrès de l'armement de l'artillerie de campagne.

Organisation de l'artillerie en temps de guerre. — Propriétés tactiques de l'artillerie de campagne. — Effet du tir des canons de campagne. — Formations tactiques. — Marches et stationnement.

Service de l'artillerie sur le champ de bataille. — Choix et occupation des positions. — Conduite du feu. — Service des munitions.

Emploi de l'artillerie avec les autres armes. — Combat offensif et défensif; combat de rencontre. — Combat de la division d'infanterie. — Combat du corps d'armée. — Service du réapprovisionnement. — Combats de localités et passages de défilés.

De l'artillerie dans la division de cavalerie indépendante, pendant l'exploration, le combat de cavalerie et la bataille.

Ravitaillement par les services de l'arrière.

Données générales sur l'organisation de l'artillerie de campagne des armées étrangères. — Tactique de l'artillerie de campagne à l'étranger.

L'épreuve de tactique d'artillerie consistera dans l'examen sur la carte d'un cas concret, déduit de la question de tactique générale, dans lequel seront envisagées une ou plusieurs des questions énumérées ci-dessus.

Tactique de l'artillerie dans la guerre de forteresse.

Attaque des places fortes. — Investissement. — Attaque de vive force. — Bombardement. — Marche générale des attaques régulières. — Organisation des équipages de siège. — Effets du tir des bouches à feu de siège.

Défense des places fortes. — Bases de l'armement. — Approvisionnements. — Organisation du tir des places fortes.

Organisation du matériel de siège et de place à l'étranger. — Tactique de la guerre de forteresse à l'étranger.

FORTIFICATION ET SERVICE DU GÉNIE.

FORTIFICATION PASSAGÈRE.

Éléments de la fortification passagère.

But et utilité de la fortification passagère.

Ressources dont les armées disposent pour l'exécution des travaux de campagne. — Principes qui ont présidé à la fixation de l'outillage en France. — Echelonnement des ressources. — Comparaison avec l'outillage des principales armées étrangères.

Considérations générales sur les divers ouvrages élémentaires de campagne. — Leur valeur défensive et tactique. — Leur appropriation au terrain.

Idées actuelles sur l'association des ouvrages élémentaires. — Groupes et lignes d'ouvrages. — Lignes de groupes d'ouvrages.

Défenses accessoires. — Leur emploi. — Leur valeur tactique. Organisation défensive des lieux habités. — Valeur tactique de cette organisation.

Travaux de stationnement. — Leur utilité. — Leur importance.

Importance des communications à la guerre. — Travaux relatifs à leur création, à leur entretien ou à leur destruction.

Application de la fortification passagère à l'occupation d'une position. — Principes généraux.

Application à diverses situations tactiques. — Comment doit être conçue l'occupation pour favoriser l'offensive.

Emploi tactique de la fortification passagère.

Organisation d'un champ de bataille offensif ou défensif. — Principes. — Préparation et exécution des travaux.

Application à un front de brigade. — Exemples historiques.

Création de positions d'arrêt et de places du moment. — Exemples historiques.

Organisation de postes et de gîtes d'étapes.

Investissement des places fortes. — Conditions d'exécution et nature des travaux.

Organisation complémentaire des places fortes. — Travaux avancés. — Leur valeur. — Travaux sur la ligne des forts. — Leur but et leur nature. — Travaux en arrière. — Travaux d'appropriation des ouvrages permanents inachevés.

La fortification passagère à l'étranger : profils, tracés et emploi tactique.

FORTIFICATION PERMANENTE.

Éléments de la fortification permanente.

Influence exercée par l'artillerie rayée sur les profils et les tracés de la fortification permanente

Principes d'organisation adoptés en France après 1870, pour les grandes places.

Constitution des ouvrages d'après leur rôle tactique : forts de protection, forts isolés, fort d'occupation ; enceintes.

Dispositions relatives à la protection de l'artillerie dans les ouvrages.

Types principaux d'ouvrages à l'étranger après 1870.

Conditions imposées de nos jours à la fortification par suite de l'emploi des explosifs à grande puissance.

Idées émises en France et à l'étranger sur les transformations à faire subir à la fortification pour lui permettre de résister aux nouveaux projectiles.

Ponts militaires en France et à l'étranger.

Des ponts. — Des passages de rivière au point de vue tactique.

Attaque et défense des places.

Caractères généraux de la guerre de siège à l'époque actuelle.

Modes irréguliers d'attaque. — Leur valeur.

Siège régulier. — Préparation à la guerre de siège, au point de vue de l'attaque et à celui de la défense.

Période d'investissement. — Emploi de la fortification pour l'investissement. — Opérations et travaux exécutés par l'assaillant et par le défenseur.

Installation du matériel. — Répartition du personnel.

Difficultés des attaques brusquées.

Attaque rapprochée. — But et nature des opérations. — Travaux de l'attaque et de la défense. — Occupation d'un ou de plusieurs forts ; préparation et exécution de l'assaut.

Opérations finales de l'attaque et de la défense. — Lignes de défense successives. — Attaque du noyau central.

Attaque et défense des forts isolés, d'une place à simple enceinte, des retranchements demi-permanents.

Etude comparée des principes et des méthodes en vigueur à l'étranger.

Organisation défensive des États.

Conditions générales de l'emploi de la fortification pour la défense des Etats. — Rôle et but des régions fortifiées.

Principes sur lesquels repose l'organisation défensive actuelle de la France. — Frontière du nord. — Région maritime. — Position centrale du Nord.— Région entre la Sambre et la frontière d'Allemagne.

Frontière d'Allemagne. — Nécessité de créer des positions centrales. — Région de la Meuse moyenne. — Région Epinal-Belfort. — Position de Langres.

Frontière suisse — Le Jura. — Besançon. — La Haute-Savoie.

Frontière d'Italie. — Principes de l'organisation défensive en pays de montagnes. — Les Alpes. — La Provence et le comté de Nice.

Frontière des Pyrénées. — Caractères particuliers des deux théâtres d'opérations de cette frontière.

Défense des côtes. — Grandes places maritimes françaises. — Défenses de terre.

Positions de seconde ligne. — Leur nécessité. — Positions centrales. — Paris: système de 1841 et organisation actuelle. — Lyon.

Organisation défensive des petits États. — Suisse, Belgique, Hollande. — Défense centralisée.

Organisation défensive de l'Allemagne. — Frontière de l'Ouest. — Défense des côtes.

Organisation défensive de l'Italie. — Conditions particulières imposées par la forme et la constitution du pays.

TOPOGRAPHIE.

Lois qui régissent la formation des grands mouvements du sol : Théorie de l'érosion.

Cartographie. — Service géographique de l'armée; moyens qui y sont employés pour reproduire les documents cartographiques nécessaires à l'armée.

Cartes françaises. — Carte de France au 1/80,000e, dite carte d'état-major. — Exécution de la carte. — Revision de la carte. — Nouvelles cartes au 1/50.000e et au 1/200,000e. — Cartes de l'Algérie. — Plans directeurs. — Levés de précision. — Plans. — Plans reliefs.

De la topographie en campagne. — Reconnaissances rapides du terrain. — Cartographie étrangère : Etude des cartes topographiques en usage dans les armées européennes, principalement dans les armées allemandes, autrichiennes et italiennes.

Les candidats auront, en outre, à décrire, en vue d'une opération militaire déterminée, une portion de terrain délimitée sur la carte.

GÉOGRAPHIE.

France et ses colonies.

Notions sur la description géologique de la France et sa situation matérielle (population, réseau ferré, finances, commerce). — Examen détaillé des zones frontières, chacune d'elles correspondant à une grande région naturelle, savoir :

La région du nord ou la frontière belge ;
La région du nord-est ou la frontière allemande ;
La région de l'est ou la frontière suisse ;
La région du sud-est ou la frontière italienne.
La région du sud-ouest ou la frontière espagnole.
La région de la Loire considérée comme grande zone de réorganisation.

Description d'ensemble des colonies françaises énumérées ci-après ; notion sur l'historique de leur développement, leur situation matérielle (population, finances, commerce) et leur avenir probable :

Algérie et Tunisie.
Sénégal. — Soudan français.
Etablissements des rivières du Sud et de la côte de Guinée.
Congo français.
Cochinchine. — Tonkin. — Annam.
Madagascar.

Puissances étrangères.

Notions générales sur la description géographique, la situation matérielle (population, gouvernement, réseau ferré, finances, commerce, armée, marine) et, s'il y a lieu, sur l'expansion coloniale des puissances étrangères énumérées ci-après ; description détaillée des frontières plus particulièrement menacées des principaux Etats européens :

Empire d'Allemagne. — Frontière occidentale, frontière orientale, frontière maritime.
Belgique. — Etat indépendant du Congo.
Suisse, Hollande, Danemark.
Italie. — Frontières françaises. — Frontières maritimes.
Empire austro-hongrois. — Les nationalités. — Frontières austro-russes.
Russie. — Frontière occidentale. — Expansion en Asie.
Etats balkaniques. — Roumanie, Serbie, Grèce, Monténégro.
Empire ottoman. — Possessions européennes, asiatiques et africaines. — Egypte.

Empire britannique. — Notions sur l'Angleterre. — Ses colonies. — Expansion en Asie.
Etats-Unis d'Amérique.

Nota. — Les candidats doivent être en mesure de faire, au tableau, un croquis des frontières françaises et de répondre, avec des cartes devant les yeux, aux autres questions.

ADMINISTRATION.

ADMINISTRATION GÉNÉRALE.

Lois, décrets et règlements d'administration publique.
Ressources de l'administration. — Impôts, emprunts, revenus du domaine.
Emploi des ressources. — Budget. — Crédits. — Ordonnancement. — Payement.
Contrôle de l'emploi des deniers publics, des crédits, des matières. — Cour des comptes. — Contrôle exercé par les Chambres.
Contrats administratifs. — Acquisitions, ventes, baux, adjudication publique. — Juridiction administrative. — Responsabilité civile de l'Etat, des fonctionnaires. — Règles particulières à l'Algérie.

ADMINISTRATION DE L'ARMÉE.

Ministère de la guerre. — Administration centrale. — Comités consultatifs. — Action du commandement en matière administrative. — Direction. — Gestion. — Contrôle.
Service de l'intendance aux armées en campagne. — Attributions générales de l'intendance. — Attributions spéciales des fonctionnaires attachés aux diverses formations du pied de guerre. — Relations avec le commandement.
Exécution des services administratifs. — Entreprise. — Gestion directe : personnel d'exécution. — Moyens de transport.
Moyens matériels et procédés généraux de l'administration : approvisionnements, achats et réquisitions. — Fonds et contribuions de guerre.
Service de l'alimentation aux armées. — Période de mobilisation. — Période des transports stratégiques. — Période de concentration. — Période des opérations actives.
Alimentation journalière. — Fonctionnement du service en première ligne; trains régimentaires et convois administratifs, leur ravitaillement.
Ravitaillement sur l'arrière. — Stations-magasins. — Stations têtes d'étapes de guerre. — Têtes d'étapes de route. — Gîtes principaux d'étapes de route. — Convoi auxiliaire. — Dispositions spéciales au service des vivres-viande. — Distributions.

Application des procédés d'alimentation aux diverses circonstances d'une campagne. — Ordres du commandement, en ce qui concerne l'alimentation des troupes.

Service de l'habillement. — Service du Trésor. — Service du logement et du cantonnement. — Service des transports. — Transports par voie de terre. — Transports par la navigation sur les fleuves et canaux. — Transports maritimes.

Organisation administrative d'une place forte, au point de vue des divers services de l'intendance.

Corps de troupes. — Modifications à l'administration intérieure des corps, par suite de l'état de guerre. — Administration des sections techniques de chemins de fer. — Administration des quartiers généraux.

Dispositions spéciales aux grandes manœuvres. — Subsistances. — Transports. — Règlement des dégâts.

Administration chez les puissances étrangères.

Allemagne. — Ministère de la guerre. — Intendantur. — Organisation et fonctionnement des services administratifs. — Administration intérieure des corps. — Régularisation des perceptions en deniers et en matières.

Service de l'intendantur en campagne. — Attributions. — Alimentation. — Services de première ligne et de l'arrière. — Habillement.

Autriche-Hongrie. — Ministère de la guerre. — Direction et fonctionnement des services administratifs. — Administration intérieure des corps. — Administration des landwehrs cisleithane et hongroise.

Service de l'intendance en campagne. — Attributions générales. — Service des subsistances en première ligne et à l'arrière. — Habillement.

Italie. — Ministère de la guerre. — Service du commissariat. — Fonctionnement des services administratifs. — Administration intérieure des corps. — Bureau de revision. — Service du commissariat en campagne. — Service des subsistances en première ligne et à l'arrière. — Habillement.

Russie. — Ministère de la guerre. — Fonctionnement des services administratifs. — Administration intérieure des corps. — Service de l'intendance en campagne. — Service des subsistances. — Habillement.

CHEMINS DE FER.

RÔLE ET IMPORTANCE DES CHEMINS DE FER.

Lois, décrets ou instructions en vigueur. — Règlement général pour les transports militaires par chemin de fer. — Obligations des compagnies au point de vue militaire.

Transport des militaires isolés. — Dispositions particulières concernant les réservistes. — Transport des détachements et du matériel.

Règles d'exécution des transports. —Transports stratégiques. — Préparation des transports stratégiques.

Dispositifs divers à installer sur les lignes. — Quais militaires, stations diverses, haltes-repas, etc.

Organes chargés de la direction et de la surveillance des transports stratégiques dans la zone de l'intérieur et dans la zone relevant du commandant en chef. — Rôle et fonctions de ce personnel :

1° Au point de vue des ravitaillements ;
2° Au point de vue des évacuations.

Personnel militaire des chemins de fer.

Compagnies d'ouvriers de chemins de fer au génie. — Sections de chemins de fer de campagne. — Organisation et administration de ces sections. — Nomination des agents.

Organisation à l'étranger du personnel, du matériel et du service des transports par chemins de fer.

ORGANISATION ET MOBILISATION.

PRINCIPALES LOIS MILITAIRES AU POINT DE VUE DE L'ORGANISATION ET DE LA MOBILISATION.

Loi du 15 juillet 1889 sur le recrutement (avec les modifications ultérieures).

Service personnel et obligatoire. — Ressources fournies par la loi pour la constitution des effectifs de paix et des effectifs de guerre. — Différentes catégories d'hommes déterminées par la loi et obligations qui leur sont imposées. — Contingent de l'armée de mer.

Liste du recrutement cantonal. — Registre matricule. — Conseil de revision.

Loi du 24 juillet 1873 sur l'organisation générale de l'armée
(avec les modifications ultérieures).

Recrutement national et recrutement régional.

Principes généraux de la mobilisation. — Convocation des réserves en temps de paix et en temps de guerre.

Division du territoire en régions et subdivisions de régions (décret du 6 août 1874). — Dispositions particulières aux départements de la Seine, de Seine-et-Oise et du Rhône.

Commandement, troupes et services du corps d'armée en temps de paix.

Troupes ne faisant pas partie du corps d'armée et établissements d'intérêt général.

Répartition des troupes sur le territoire. — Exercice du commandement territorial en temps de paix.

Loi du 5 janvier 1875 sur l'organisation des commandements supérieurs de Paris et de Lyon. — Gouvernement des places de guerre.

Organisation particulière de l'Algérie et de la Tunisie. — Troupes de l'armée de terre détachées dans l'Indo-Chine.

Service du recrutement.

Loi du 13 mars 1875 sur les cadres et les effectifs (avec les modifications ultérieures.)

Corps de troupe des différentes armes de l'armée active. — Leur organisation, leur groupement, leur fonctionnement. — Effectifs budgétaires et effectifs existants.

Organisation militaire des douaniers et des forestiers.

Services divers en dehors des corps de troupe.

Des officiers de réserve et de leur recrutement.

Organisation de l'armée territoriale. — Troupes et services. — Recrutement des officiers.

FORMATIONS DE GUERRE.

Organisation des états-majors, troupes et services du corps d'armée à la mobilisation.

Service de l'habillement, des munitions, des subsistances.

Service de santé.

Service de la trésorerie et des postes, de la télégraphie militaire.

• Etude détaillée du corps d'armée mobilisé.

Troupes et services en dehors du corps d'armée.

PRÉPARATION ET EXÉCUTION DE LA MOBILISATION.

Règles générales de la mobilisation.

Circonscriptions de réserve et lieux de mobilisation de l'armée active. — Préparation des effectifs de guerre. — Répartition des contingents annuels.

Recrutement et mobilisation de l'armée territoriale.

Règles d'affectation des disponibles et des réservistes de l'armée active, des hommes de l'armée territoriale.

Livrets matricule et individuel. — Ordres de route et feuilles spéciales.

Administration des hommes des différentes catégories des réserves. — Rôle de la gendarmerie. — Hommes à la disposition. — Services auxiliaires. — Changements de domicile et de résidence des hommes des différentes réserves.

Loi du 3 juillet 1877 relative aux réquisitions militaires.

Réquisition des animaux et des voitures. — Décret du 2 août 1877 et instruction du 1ᵉʳ août 1879. — Recensement et classement. — Circonscriptions de réquisition. — Fonctionnement des commissions de réquisition et attributions de leur président.

Règles concernant l'établissement, par les corps d'armée, des documents relatifs à la mobilisation de l'armée active et de l'armée territoriale.

TÉLÉGRAPHIE MILITAIRE.

Personnel. — Organisation de la télégraphie militaire. — Recrutement, personnel militaire. — Emploi et situation du personnel. — Énumération et rôle des divers services de la télégraphie militaire. — Sections de 1ʳᵉ et de 2ᵉ ligne. — Télégraphie légère de cavalerie. — Télégraphie légère de montagne. —Service de forteresse.

Matériel de poste. — Appareils portatifs. — Parleurs. — Piles portatives. — Cantine à appareil.

Matériel de ligne. — Matériel pour lignes volantes : câbles, crampons, perches. — Matériel pour lignes semi-fixes : isolateur, fil nu.

Matériel roulant. — Voiture-poste. — Chariot de travail. — Voiture dérouleuse. — Chariot de réserve. — Voiture légère. — Parcs télégraphiques.

Construction des lignes militaires. — Réparation des lignes aériennes. — Construction d'une ligne en câble. — Construction et relèvement d'une ligne en fil nu. — Ligne d'avant-poste.

Communications télégraphiques d'une armée. — Service de direction. — Période de concentration ; armée en marche ; pendant l'action. — Utilisation du réseau existant.

Des postes télégraphiques militaires. — Installation, service, règles pour la transmission. — Surveillance des postes et des lignes. — Surprise et utilisation d'un poste ennemi. — Mise d'un poste hors de service.

Destruction ou utilisation des lignes.

Téléphonie. — Description et emploi du téléphone. — Microphone. — Avertisseur. — Applications du téléphone.

Télégraphie optique. — Appareils du colonel Mangin. — Emploi de la lumière solaire, héliostat.

Télégraphie par signaux quelconques. — Service des signaleurs.

HYGIENE ET SERVICE DE SANTÉ

Alimentation des troupes en station et pendant les marches.

Hygiène en station, pendant les marches, dans les cantonnements et bivouacs.

Maladies des armées en campagne.

Premiers secours aux blessés.

Organisation et fonctionnement du service de santé à l'intérieur et en campagne.

Service de santé dans les principales armées étrangères.

HIPPOLOGIE.

Différentes régions du corps du cheval ; leurs beautés et défectuosités. Allures. Tares.

Principes généraux permettant de déterminer l'âge approximatif du cheval.

Des robes et de leurs particularités.

Du pied et de la ferrure.

Soins hygiéniques à donner au cheval. Ecuries et alimentation. Repas et boissons. Hygiène de la peau et des membres. Pansage.

De l'influence de l'exercice. Routes. Manœuvres. Soins à donner au harnachement.

ALLEMAND ET LANGUES ÉTRANGÈRES.

Les candidats auront à traduire à la lecture de l'allemand en français et du français en allemand.

Ils devront pouvoir lire l'allemand tant imprimé que manuscrit, écrire correctement sous la dictée et échanger avec l'examinateur quelques phrases simples de conversation.

Les officiers devront mentionner, sur leurs demandes, quelles sont les langues étrangères, autres que l'allemand, sur lesquelles ils désirent être interrogés.

BREVET.

Les officiers candidats au brevet d'état-major ne seront classés qu'autant qu'ils auront eu une moyenne générale de 12 au minimum, et auront obtenu dans les épreuves. soit pour chaque composition écrite, soit pour l'infanterie, la cavalerie, l'artillerie, l'histoire militaire et la stratégie, la note minima 7.

Le brevet ne sera délivré qu'aux officiers classés. Il y aura un classement spécial pour les officiers supérieurs et un autre pour les capitaines.

La liste des officiers qui auront obtenu le brevet sera publiée, par arme et par ancienneté dans chaque grade, conformément aux dispositions contenues dans l'article 12 du décret du 3 janvier 1891.

TABLEAU DES COEFFICIENTS.

Les coefficients sont fixés ainsi qu'il suit, tant pour les épreuves écrites que pour les épreuves orales.

1° *Epreuves écrites.*

Question de tactique............................	12 ⎫
Question de service d'état-major..............	8 ⎪ 30
Histoire......................................	8 ⎬
Croquis topographique (*a*)	2 ⎭

2° *Epreuves orales.*

Tactique générale	6 ⎫
Tactique d'infanterie..........................	6 ⎪
Tactique de cavalerie..........................	6 ⎪
Artillerie et tactique d'artillerie	6 ⎪
Fortification et service du génie..............	5 ⎪
Topographie...................................	2 ⎪
Administration	4 ⎪
Géographie....................................	6 ⎪
Allemand (*b*).................................	6 ⎬ 70
Mobilisation...................................	2 ⎪
Transports en chemin de fer..................	2 ⎪
Télégraphie....................................	1 ⎪
Hygiène.......................................	1 ⎪
Hippologie.....................................	1 ⎪
3° *Mémoires présentés*............	6 ⎪
4° *Equitation*.................	6 ⎪
5° *Note d'aptitude*.............	4 ⎭

Total.............	100 pour les capitaines.
	96 pour les officiers supérieurs.

(*a*) Pour les capitaines seulement.

b) Lorsqu'un candidat subira une épreuve sur une langue étrangère autre que l'allemand et obtiendra une note au moins égale à 16, cette note s'ajoutera à la somme des points acquis dans les épreuves obligatoires du concours pour sa valeur absolue, si le candidat a fait preuve de connaissance des langues anglaise et russe; pour la moitié seulement de cette valeur, s'il s'agit d'autres langues.

Dans le cas d'épreuves subies sur deux ou plusieurs langues, une note distincte sera attribuée à chaque langue et comptée comme il est dit ci-dessus.

e CORPS D'ARMÉE.

RAPPORT PARTICULIER

(1) Nom, prénoms et grade
(2) On ne portera que les citations à l'ordre de l'armée.
(3) Signature de l'officier.
(4) Indiquer avec soin les numéros obtenus à la sortie de *chaque ecole.*

concernant M. le
qui se présente aux examens d'obtention du brevet d'état-major.

Age...................... ans.
Célibataire, marié ou veuf.
Nombre d'enfants.........
Fortune.................
Taille ....
Numéros de sortie des éco-
les (4)..................

M. (1)

né le   , à   département

d   , marié le

(autorisation du   ).

A concouru en 18 , pour l'admission à l'Ecole supérieure de guerre.
        ou :
N'a jamais concouru pour l'admission à l'Ecole supérieure de guerre.

	Ans.	Mois.	Jours.
Temps de service effectif dans chaque grade et classe...........			

L'emploi du temps doit être indiqué sans lacune ; les interruptions de service sont portées pour mémoire seulement et hors ligne.
Les années de service effectif seront toujours arrêtées au 31 décembre inclus de l'année courante.

TOTAL des années de service effectif au 31 décembre 18 ....

		NOMBRE DE campagnes.
Détail des services effectifs et des campagnes...............		
TOTAL des années de service effectif et des campagnes au 31 décembre 18		

Blessures............
Décorations ....
(Date des nominations)
Citations..............

Certifié véritable, à   le   19 .
Le (3)

(1) Chef de corps ou de service.   (2)   Signature de l'officier qui a donné les notes.

OPINION DU (1)

1° Physique ; 2° Aptitude au service de guerre ; 3° Aptitude au service d'état-major.	1° Conduite ; 2° Principes ; 3° Tenue.	1° Instruction générale , 2° Langues étrangères.	1° Instruction théorique , 2° Instruction pratique.	1° Capacité ; 2° Manière de servir ; 3° Equitation.	APPRÉCIATION générale de la valeur de l'officier.
1°	1°			1°	
		1°	1°		
2°	2°			2°	
		2°	2°		
3°	3°			3°	
					(2)

OPINION DU GÉNÉRAL DE BRIGADE.

_____

(2)

OPINION DU GÉNÉRAL DE DIVISION.

_____

A   le   19

(2)

OPINION DU GÉNÉRAL COMMANDANT LE CORPS D'ARMÉE.

_____

Paris et Limoges. — Imprimerie militaire Henri CHARLES-LAVAUZELLE.

Paris et Limoges. — Imprimerie militaire Henri CHARLES-LAVAUZELLE.